Yf 504

BALLET
DV GRAND DEMOGORGON.

DEDIE' A LA REYNE.

Qui se dansera au Ieu de Paume du petit Louure, aux Marests du Temple.

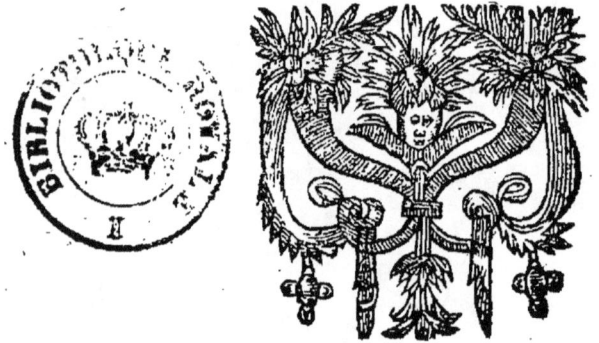

A PARIS,

Chez PIERRE CHENAVLT, au coin de la ruë de la Bucherie, proche la Barriere.

M. DC. XXXIII.
AVEC PRIVILEGE DV ROY.

A LA REYNE.

ADAME,

Ie prendray la liberté de dire à vostre Majesté, que les Anciens ont enueloppé la subtilité de leurs sens & Fables si agreables, qu'il n'y a point de bon esprit qui n'en louë l'inuention, aussi à-t'on bien eu de la peine à les démesler; & la raison pour laquelle ils ont caché ces mysteres, a esté de crainte de rendre trop communs les secrets dont ils vouloient seuls auoir la connoissance. Ce n'est pas nostre dessein d'en faire de mesme, puisque par nos exercices, & par les gentilles actions de nos Ballets, nous taschons de les rendre intelligibles. Il est tres-vray, MADAME, que toutes ces choses n'ont parû que par l'esclat que vostre Majesté leur a donné, leur ayant departy tant de lumiere qu'elle a dissipé tous les broüillars qui empeschoient leur lustre. C'est pourquoy nous venons à vos piés la remercier, & vous rendre mille actions de grace, & particulierement,

MADAME,

De Vostre Majesté,

Le tres-humble, tres-obeïssant, & tres-fidelle subjet & seruiteur
CESAR DE GRAND-PRÉ.

PREFACE.

IL est grandement dangereux d'escouter les passions ennemies de l'industrie d'autruy, elles sont comme les nuées qui se mettent entre nous & le Ciel, faisant tort à nos yeux & non pas au Soleil; elles s'opposent de toute leur puissance aux rares inuentions dont l'esclat les esbloüit; & si l'on les vouloit croire, elles empescheroient volontiers qu'elles ne parûssent; si elles eussent eu du credit dans le monde, il y a long-temps que les belles choses seroient enseuelies, mais, Dieu mercy, les bons esprits en ont iusques à present mesprisé les attaintes; aussi seroit-ce vne grande foiblesse de quitter vn genereux dessein pour leur plaire, si par vne pointe d'emulation, ils se mettent en deuoir de porter leur excellence au-dessus de tous nos efforts, il y aura sujet de ceder; mais sans auoir esgard à leurs paroles, en attendans que leurs effets se viénent faire admirer, nous continueront à debiter nos pensées d'autant plus volontiers que nous sçauons de bonne part de quelle sorte elles sont receuës de ceux qui s'y entendent, & que nos enuieux ne trouuant point de prise au principal, ont peu seulement blasmer l'accessoire; c'est ainsi que nostre premier Ballet, ne manqua qu'en ce qui n'estoit pas de son essence: mais afin qu'ils n'ayent plus de moyen de surprendre les autres, nous en ferons desormais voir la differance. Et pour ce que la Poësie, la Musique, & la Danse, ont esté inuentées pour rendre la verité plus amie des sens qui la doiuent porter à l'esprit, elles luy sont comme l'or autour des pillules, & la cachent tellement, que pour naïues qu'elles puissent estre, il faut aider les esprits à demonstrer leurs mysteres, aussi est-il necessaire absolument de faire des discours à cet effet, comme le suiuant, afin que par vne entiere satisfaction, chacun aduouë que nous n'auons rien oublié de tout ce qui peut contribuer au parfait contentement que nous vous auons promis.

SVJET DV BALLET DE DEMOGORGON.

DEMOGORGON oyant vn grand bruit dans la masse cōfuse de toutes les choses (marque asseurée du desordre qui la tourmentoit,) par compassion resolut aussi-tost de la deliurer ; & pour cet effet, il commande au Destin d'en faire l'ouuerture, afin que les sujets diuers qui la trauailloient à cause de leur confusion, en sortissent & se pûssent ranger. Cette masse s'ouuure volótiers pour le desir qu'elle en auoit, & alors toutes choses se mirent en leur place, & la paix y fut si grande, qu'elle se sentit obligée de faire mille actions de grace à cette souueraine diuinité, pour luy auoir donné le repos.

CYBELLE.

RECIT.

Cybelle mere des Dieux, est (selon l'ancienne opinion) cette vertu qui passe d'vne generation à vne autre, paroistra la premiere auec ses Sacrificateurs, munis de fluttes, tambours, & autres instrumens de musique pour en ioüer, l'accompagnant au lieu où elle chantera ses vers,

Mes fils aisnez furent les Dieux,
Aussi tost la terre & les Cieux
Hors de mon sein firent le monde :
Mon pouuoir est à nul autre pareil,
Tout le connoist, les Astres, le Soleil,
L'air & le feu, la terre & l'onde.

Ie viens

Ie viens annoncer aux mortels,
Qu'vn Dieu merite des Autels
Pour auoir débroüillé le monde;
Son pouuoir est à nul autre pareil,
Puis qu'il a fait la Lune & le Soleil,
L'air & le feu, la terre & l'onde.

Entrée de Demogorgon.

Demogorgon, le plus grand de tous les Dieux, que les Poëtes ont nommé, Dieu des peuples, ou premiere cause, qui a produit tout ce qu'il y a dans l'Vniuers, descendra du Ciel, & dansant sur les eauës commandera au Destin d'ouurir cette machine, & d'en faire sortir tout ce qui la peut affliger.

Entrée du Destin.

Les Anciens ont creu que la prouidence de ce Dieu auoit disposé toutes les choses qui sont dans l'ordre que nous voyons : de façon qu'ils ne se peuuent plus changer, parce que le Destin l'a ordonné ainsi.

Entrée de la Discorde.

Celle qui sortira la premiere de cette masse cófuse sera la Discorde, qui est d'vne telle nature, qu'en quelque lieu qu'elle soit il n'y a iamais ny paix ny repos, allant comme vne Furie infernale, la torche en vne main & le cousteau en l'autre, pour mettre tout à feu & à sang.

Entrée de Pan.

Entre les fables celle-cy est incomparablement belle, & faudroit vn liure tout entier pour la décrire ; mais nous dirons seulement que Pan nous represente l'ordre diuin que la nature exerce sur toutes les choses, ou plustost la Concorde qui succede à la Discorde.

Entrée des Parques.

Ces trois icy sont filles de l'Herebe, qui est le plus profond de la terre: l'on les fait sortir d'vn lieu obscur, pour nous monstrer combien sont occultes les causes des choses qui contiennent des hauts mysteres: l'on nomme la premiere Lachesis, qui veut dire le passé; la seconde Clothon, le present, & Atropos l'auenir, qui sont les trois Ordres temporelles.

Entrée des Machines.

Ces animaux nous representent les quatre elemens: il ne se faut pas estonner si ie fay sortir l'Ours de la terre, puis qu'il n'y a point de corps qui ne soit mixte, & qui ne soit composé de ces quatre principes.

Entrée de Ianus.

Les deux faces de ce Dieu nous figurent le temps, dont l'vne est ieune, qui signifie le present, & l'autre vieille qui est le passé: ou bien encore le Dieu de l'An, qui voit d'vn costé l'Orient, par lequel le Soleil entre pour donner la lumiere au monde: l'autre de l'Occident, d'où il sort pour donner lieu à la nuict.

Entrée de Vulcan.

Ce Boiteux nous represente la vertu du feu materiel qui réchauffe & reluit, & sa chaleur & lueur defaillant l'on ne sçauroit rien faire: c'est pourquoy l'on feint qu'il est Forgeron des Dieux, & qu'il fait toutes leurs armes. Et quand les Poëtes veulent décrire quelque grande chose faite auec artifice & industrie, ils disent que Vulcan l'a forgee. Ils le font boiteux, parce qu'il faut tousiours du bois pour entretenir ses flammes.

Entrée des Cyclopes.

Ces Forgerons nommez Cyclopes, parce qu'ils n'ont qu'vn œil au milieu du front, sont estimez compagnons de l'industrie de Vulcan. Cette fable se rapporte aux raisons naturelles, signifiant les éclairs & le tonnerre : & de plus, que leurs flammes amolissent le fer & les autres mineraux par leur chaleur.

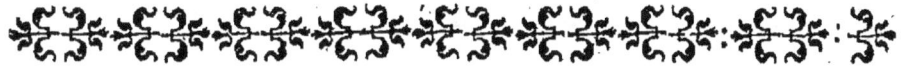

RECIT.

Entrée de la Nuict.

L'on appelle celle-cy Fille de la Terre, parce que son ombre l'a engendrée, ou bien la priuation des formes lumineuses. Elle a mis au monde tous les diuers sujets qui paroistront sur le Theatre, la plus-part ayans quelque rapport auec elle, qui chantera ces Vers.

Vous qui n'aimez que la clarté
Que le Soleil déploye,
Voyez comme en l'obscurité
Ie fais luire la ioye;
Mais sur tout ie donne aux Amans
Tous les plaisirs les plus charmans.

En tous les endroits où ie suis
Ie cache pesle-mesle

Les biens, les maux, & les ennuis
A l'ombre de mon aisle;
Mais ie fais gouster aux Amans
Tous les plaisirs les plus charmans.

Amour exerce sous ma loy
De secrettes malices,
Il est aueugle comme moy
Et né dans les delices;
Aussi i'entretiens les Amans
Dans les plaisirs les plus charmans.

Entrée des Hiboux.

Ces oyseaux fuyent la lumiere & n'aiment que la nuict, auec laquelle ils ont du rapport. L'on dit que les yeux de Minerue sont de mesme couleur que ceux des Hiboux; Cela veut dire que les bons esprits voyent & connoissent les choses, quelques cachées qu'elles puissent estre.

Entrée d'Hecate & des Lutins.

Les fables disent que cette Deesse, qui est accompagnee des Lutins, est fille de Iupiter, & qu'il luy donna pouuoir sur les elemens. L'on la nommoit la Lune au Ciel, Diane en Terre, & Hecate aux Enfers; tous lesquels noms ne veulent dire autre chose, que la Lune qui prend diuerses figures, selon que plus ou moins elle se trouue esloignee du Soleil. Elle a vn pouuoir sur les corps inferieurs, qui est vne vertu secrette qui descend des Astres.

Entrée des Pantalonnes bossuës.

Ces Vieilles-masques, qui sont filles de la nuict, ne veulent signifier autre chose, sinon que dans l'obscurité l'on peut aussi bien passer le temps que dans le iour.

Entrée.

Entrée des Vielleux.

Les Aueugles que la Nuict a engendrez ont vn grand rapport auec elle, pour estre en perpetuelle tenebre.

Entrée d'vn Coporal, & de deux Soldats.

Ceux-cy ne dansent que pour la varieté, encore qu'il y ait assez de sujet d'en discourir: mais en ces matieres il faut estre fort succinct.

Entrée des Volleurs de Nuict.

Il ne signiffie autre chose, sinon que les tenebres font naistre des hommes, dont les actions & les humeurs sont bien differentes.

Entree de la misere, & de deux Gueux.

Il est bien dans la nuict, qui est dans la gueuserie: c'est pourquoy ceste entrée porte-quant & soy son explication.

C

Entrée des Oublieux.

Ceux cy sont les bouffons de la nuict, & encore qu'il porte de la lumiere, ce n'est pas pour chercher des gens de bien, ny pour éclairer à personne.

*Entrée du Dieu du Sommeil,
& de ses Ministres.*

Ce Dieu n'est pas si endormy, qu'il ne veüille paroistre auec ses Ministres aux jeux des belles Dames, afin d'enseuelir leur trauail dans l'agreable plaisir d'vn doux repos.

Entrée des Ramoneurs de Cheminée.

L'on me dispensera d'expliquer ceste entrée, parce qu'elle est si équiuoque, qu'il n'y a pas moyen de luy donner vn sens qui ne soit double.

Entrée des Boëmiennes.

Celles cy pourroiét bien perdre au chāge qu'ils ont fait du monde, de là où ils viennent, puis que lon n'oseroit aller à vn lieu où il fasse plus dangereux qu'en celuy-cy.

Entrée de la Vieillesse, & des Aueugles.

Ces Infirmes nous monstrent que nous sommes dans le monde comme des Aueugles, estans seullement poussez par les sentimens de la raison, qui conduit nostre corps fragille.

Entrée de Caron, & des Vendeurs de Mort aux Rats, & aux Souris.

Les Poëtes Anciens ont dit que Caron veut signifier la priuation des choses acquises. Et la Barque, le Temps qui nous passe depuis le commencement de la vie jusques à la fin. Sa Mere est la nuict, aussi bien que les Crieurs de Mort aux Rats, qui portent à leurs Enseignes l'explication de leur entrée.

Recit de Tiresias.

Celuy-cy qui vient chanter ces Vers nous fait voir le pouuoir que l'Amour à sur l'vn & l'autre sexe, les ayant tous deux possedez comme les Incubs, qui patissent & agissent.

S'Il est vray que par le dehors
Mon habit monstre que mon corps
Cache je ne sçay quoy d'estrange,
Ne me confesserez-vous pas
Que mon sexe dans son meslange
Doit auoir de puissants appas?
   Les Esprits folets & mutins
Des Incubes, & des Lutins
Pasles, hydeux, & taciturnes,
Se laissent attirer à moy,
Et sont les Fantosmes nocturnes,
Qui sément l'horreur & l'effroy.

Grand Ballet dancé par des Incubes & Succubes.

I'expliqueray au cinquiesme Ballet ce que veullent dire ces Incubes & Succubes, pource que cela est de son sujet.

Les bons Esprits verront bien que le suject est digne des Roys, puis que c'est la naissance du monde qu'ils possedent si absolument, qu ils en sont les veritables Dieux.

CESAR DE GRAND-PRE'.

ORDRE DES ENTRÉES
DE CE QVATRIEME BALLET.

PREMIERE ENTREE DE DEMOGORGON.
II. Le Destin.
III. La Discorde.
IV. Pan.
V. Les Parques.
VI. Les Machines.
VII. Ianus.
VIII. Vulcan.
IX. Les Cyclopes.
X. La Nuict.
XI. Les Hyboux.
XII. Hecate, & les Lutins.
XIII. Les Pantalonnes bossuës.
XIV. Les Vielleux.
XV. Le Coporal, & deux Soldats.
XVI. Les Volleurs de nuict.
XVII. La Misere, & de deux Gueux.
XVIII. Les Oublieux.
XIX. Le Dieu du Sommeil, & ses Ministres.
XX. Les Ramoneurs de Cheminée.
XXI. Les Boëmiens.
XXII. La Vieillesse, & les Aueugles.
XXIII. Caron, & les vendeurs de Mort aux Rats & aux Souris.
XXIV. Recit de Tiresias.
Grand Balet dancé par des Incubes & Succubes.

SVivant & conformément au Breuet don-né par le Roy à Horace Morel, Commissaire general de ses feux d'artifice, en datte du 17. de May 1631. signé LOVIS, & plus bas DE LOMENIE; Et depuis verifié par Monsieur le Lieutenant Ciuil, & du consentement de Monsieur le Procureur du Roy, en datte du 8. Nouembre 1632. au pied d'vne requeste presentée par ledit Morel; Luy & ses Associez en la conduitte des Ballets qu'ils doiuent representer publiquemēt, en vertu dudit Breuet qu'il en a de sa Majesté, & verification d'iceluy; ont choisi sous le bon plaisir de sadite Majesté, & de Monsieur le Lieutenant Ciuil, Pierre Rocolet, Pierre Chenault, & Iean Martin, pour imprimer, vendre, & distribuer tout ce qui concernera generalement lesdits Ballets. Promettant de les proteger enuers & contre tous, & faire saisir toutes autres coppies qui se trouueroient faites par autres que les susdits Imprimeurs & Libraires, cōme l est plus amplement porté par l'accord fait entre lesdits Morel & ses associez, & lesdits Rocolet & consors, le septiéme iour de Decembre, mil six cens trente deux.

www.ingramcontent.com/pod-product-compliance
Lightning Source LLC
Chambersburg PA
CBHW062005070426
42451CB00012BA/2675